DEUX JOURS

DE

CONDAMNATION A MORT

PARIS. — IMP. SIMON RAÇON ET COMP., RUE D'ERFURTH, 1.

ARMAND BARBÈS

DEUX JOURS

DE

CONDAMNATION A MORT

SUIVI DE

QUELQUES MOTS A CEUX QUI POSSÈDENT

EN FAVEUR DES PROLÉTAIRES SANS TRAVAIL

LETTRE DE L. BLANC A BARBÈS

DISCOURS DE L. BLANC SUR LA TOMBE DE BARBÈS

PARIS

LIBRAIRIE PAGNERRE

18, RUE DE SEINE, 18

1870

DEUX JOURS

DE

CONDAMNATION A MORT[1]

Dans ce siècle où l'humanité est en quête de sa religion future, c'est peut-être un devoir pour chaque homme de venir répéter à tous ce qu'il a eu occasion de penser sur cet important sujet. Or, il m'est arrivé une fois dans ma vie de passer deux jours avec un arrêt de mort signifié. Toute âme, en pareille occurrence, refait, pour son usage particulier, le fameux monologue d'Hamlet : Être ou n'être pas. Telle est bien, en effet, la question du moment. J'ai donc fait mon monologue aussi : mal?... je ne sais. Mais pour que ceux qui me liront n'ignorent rien de sa valeur, il convient, je crois, de mettre ici un récit complet de ces deux journées.

C'était le 12 juillet 1839. La cour des pairs, après quatre jours de délibération, venait de nous envoyer son arrêt. Suivant l'usage, c'était le greffier en chef qui nous l'avait apporté, et l'honorable M. Cauchy crut devoir ajouter à son message une petite réclame en faveur de la religion... catholique, apostolique et romaine. Ce discours fut interrompu par moi trois fois : — la première, pour m'informer du sort de mon bon et héroïque ami, Martin Bernard ; — la seconde, en demandant des nouvelles de l'infortuné Mialon, de Delsade et de mes autres co-accusés ; — la troisième (lorsque, rassuré sur le sort de tous, je pus mieux prêter attention aux paroles de M. Cauchy), en lui répondant que j'avais, en effet, une religion, que je croyais en Dieu, mais que ce n'était pas une raison pour que j'eusse quoi que ce soit à faire des exhortations d'un prêtre ; qu'il voulût donc aller dire

[1] L'histoire politique et littéraire, non moins que le deuil récent de la mort de Barbès, exigeait la réimpression des quelques pages que nous publions. C'est à peu près tout ce qui reste du grand patriote, de cette âme digne de Corneille et de la France. Nous y avons joint la lettre éloquente de M. Louis Blanc, ainsi que les paroles dernières prononcées sur la tombe du proscrit — par un proscrit. (*Note de l'Éditeur.*)

à ses maîtres que j'étais prêt à mourir, et que je leur souhaitais d'avoir, à leur heure dernière, l'âme aussi tranquille que l'était la mienne en ce moment.

Laissé seul, c'est-à-dire avec le directeur de la prison et les surveillants et sergents de ville, qui me gardaient à vue, j'eus d'abord à subir une nouvelle perquisition de pied en cap. On m'enleva mes boucles de pantalon et de gilet, et l'on me prit, pour les déposer au greffe, une bague et deux ou trois objets insignifiants, que le directeur, par parenthèse, s'étonna de trouver sur ma personne, car j'avais été, de son su, fouillé déjà bien des fois. La bague m'avait été envoyée, dans les derniers temps, par ma sœur, et je priai qu'on la lui remît de ma part, après l'exécution. — Cette fouille faite, le directeur sortit, et me rappelant, — car je m'étais fait raconter souvent, depuis mon arrestation, comment les choses se passaient pour les condamnés à mort, — me rappelant que l'on allait me mettre la camisole de force, et que j'aurais bientôt les bras liés, je me dis que c'était le cas de fumer une dernière pipe auparavant. Je chargeai donc ma pipe, et je me mis à fumer, en me promenant de long en large dans ma chambre. Pendant ce temps, mes gardiens, qui, à cause de notre longue cohabitation forcée, avaient pris, je crois bien, un certain attachement pour moi, m'adressaient leurs compliments de condoléance, disant qu'ils étaient bien fâchés de cela, et qu'ils ne l'auraient jamais cru..., etc. Moi, je leur répondais que j'en avais été toujours sûr, au contraire, et qu'aussi ils devaient voir que cela m'émouvait peu. Et vraiment, je n'éprouvais d'autre sensation, en ce moment, qu'une légère surexcitation d'énergie, et comme une pointe d'orgueil de voir que j'étais appelé à donner mon sang pour ma cause.

Cependant, il était à peu près neuf heures du soir lorsqu'on était venu nous lire l'arrêt. Depuis, une demi-heure environ s'était écoulée dans ces causeries diverses; et, voyant qu'il se faisait tard, je pris le parti d'aller me coucher. Je croyais bien dormir; mais j'étais à peine dans mon lit que ma porte s'ouvrit de nouveau, et, cette fois, c'était pour la camisole. Un des gardiens qui entraient la tenait cachée derrière son dos, comme s'il eût désiré m'en dérober la vue; mais j'en voyais pendre un bout de corde, et je compris, comme on dit vulgairement, *l'allusion*. Puisqu'il fallait en passer par là, je me levai aussitôt que le gardien-chef m'en pria, faisant observer seulement que, si on ne prenait cette précaution envers les condamnés que pour les empêcher d'attenter à leur vie, on pouvait s'en dispenser pour moi, car je n'avais nul désir d'épargner à ceux qui m'avaient condamné la peine de me faire tuer eux-mêmes. Mais la camisole de force rentre indispensablement, à ce qu'il paraît, dans les revenants-bons d'une condamnation à mort. Les gardiens arguèrent de leurs ordres, de ceux que leur directeur avait reçus, et, bref, j'allai avec eux près de la lampe pour qu'ils y vissent mieux à ma toilette. Le vêtement en question est, comme on sait, une grosse veste de forte toile, s'ouvrant au rebours des autres habits, c'est-à-dire ayant sa fente à l'endroit du dos, et pourvue de longues manches étroites qui dépassent un peu le bout des mains. L'ouverture de derrière se ferme avec des courroies à boucles, et les manches ont à leur extrémité quelques-uns de ces trous dits, en termes de couture, *des œillets*, dans lesquels joue une corde qu'il suffit de tirer pour clore le bout de la manche comme un sac. Ceci fait, on vous lie les deux bras l'un sur l'autre, et on vous tourne et retourne les cordes autour du corps, jusqu'à ce qu'on vienne, après les avoir fait passer sous les épaules, les nouer définitivement entre les omoplates. Ainsi accommodé, un homme peut tout juste mouvoir ses jambes. Mais ce qui est surtout désagréable, c'est qu'on ne peut pas trouver une position tolérable pour dormir. Si vous vous couchez sur le côté, le poids du corps sur les bras vous donne bientôt des crampes ; et, si c'est sur le dos, le nœud de la corde au milieu des épaules et les boucles des courroies vous entrent dans la chair. Faute de mieux, je m'établis dans cette dernière position ; mais la douleur était trop forte, je ne pus pas m'assoupir ; et, après un ou deux essais infructueux, je me dis qu'au fait le sommeil avait toujours passé pour une mort anticipée, et que, puisque je n'avais plus que quelques heures à vivre, il valait autant les employer à mettre mes idées en ordre.

Or, sauf un ancien temps fort court où, dans mes réactions d'écolier contre le jésuitisme de la Restauration, j'en étais venu à confondre Dieu avec les misérables choses que nous prêchaient les prêtres, et à détester, par conséquent à nier son existence par rapport aux mauvaises passions que lui prêtaient ses soi-disant ministres, j'avais eu toujours une foi certaine. Ainsi que cela est arrivé à beaucoup d'autres individus de notre époque, c'était Rousseau qui me l'avait donnée. Plus tard, elle s'était fortifiée au contact du spiritualisme des vrais grands hommes de notre Révolution. Et comment, en effet, être démocrate et ne pas partager la croyance qui avait inspiré à ses serviteurs tant d'actes de dévouement sublime? la croyance que le plus illustre de ses confesseurs, notre grand et incorruptible membre du Comité de salut public, traduisait, en la décrétant, par ce noble idéal de politique pratique : « Nous voulons absoudre la Providence du long règne du crime et de la tyrannie. Que cette France, jadis illustre parmi les pays esclaves, éclipsant la gloire de tous les pays libres qui ont existé, devienne le modèle des nations, l'effroi des oppresseurs, la consolation des opprimés, l'ornement de l'univers ; et que, scellant enfin notre ouvrage de notre sang, nous puissions voir au moins l'aurore de la félicité universelle ! » — Je croyais donc, d'une foi profonde, à l'existence de Dieu et à l'immortalité de l'âme. Mais où, comment, Dieu rendait-il sa justice ? Dans quel lieu subissait-on les effets du dogme fondamental des récompenses et des peines ? Où notre âme immortelle allait-elle, en un mot, après la mort ? C'étaient là des questions dont mes maîtres ne m'avaient pas appris la solution, et, sans leur solution, pourtant, il n'est pas, à vrai dire, de religion. Aussi, pour mon esprit qui cherchait, avait-ce été comme une révélation, un jour, de lire dans l'*Encyclopédie nouvelle* le magnifique article *Ciel*, de Jean Reynaud. Sans parler des raisons péremptoires par lesquelles il détruit en passant l'enfer et le ciel des catholiques, sa capitale idée de faire découler de la loi du progrès la série infinie de nos vies, progressant continuellement et sans cesse dans les mondes, gravitant eux-mêmes de plus en plus vers Dieu, me parut satisfaire à la fois toutes nos aspirations multiples. Sens moral, imagination, désirs, tout n'y trouvait-il pas, en effet, sa place ? Cependant emporté, lorsque je la lus, — c'était vers la fin de 1837, je crois, — par les préoccupations d'un républicanisme actif, j'en méditai peu les détails, et ne fis que la déposer en quelque sorte brute dans mon sein ; mais depuis que, ramassé blessé dans la rue, j'habitais, avec l'échafaud en perspective, dans une chambre de prison, je l'avais retirée de la place où je la gardais en réserve, et l'avais approchée souvent de la pierre de touche de mes autres principes, comme une dernière richesse dont il m'importait de connaître enfin toute la valeur. Et c'est elle qui vint naturellement se présenter à moi, en ce moment où je veillais, butin déjà lié pour le bourreau, la solennelle veille de la mort. — Et, que l'éloquent encyclopédiste me pardonne si *je changeai en un plomb vil*, pour les besoins du moment, *l'or pur* de sa haute métaphysique ; mais voici comment, après m'être confirmé par quelques raisonnements préliminaires, ma croyance à l'immortalité de l'âme, il me sembla voir se dérouler cette sublime échelle de Jacob, dont un bout s'appuie sur la terre pour monter, sans finir jamais, d'astre en astre et de sphère en sphère.

La terre, cette petite planète où je venais de passer trente ans, me parut un des lieux innombrables, sans aucun doute, dans l'espace où l'homme, c'est-à-dire, pour employer une appellation moins limitée, la créature *sensation-sentiment-connaissance*, fait sa première étape dans la vie. Ici, comme sur tous les autres globes analogues à ce premier échelon ou rez-de-chaussée du monde, il commence à mériter devant Dieu, et, lorsque ce phénomène que nous appelons *la mort* s'accomplit, il va, emporté par l'attraction du progrès, renaître, avec un épanouissement de son être, dans un astre supérieur. Cependant, comme au lieu d'avoir également mérité tous devant Dieu, plusieurs, au contraire, ont transgressé ses lois, il s'ensuit que cet astre où vont habiter les bons a nécessairement son corrélatif dans un autre astre où sont entraînés les méchants. Et comme le dogme de la solidarité me parut vouloir m'arrêter ici et protester contre cette séparation, je résolus de suite l'objection en me figurant les deux astres comme ayant entre eux des relations, pour ainsi parler, matérielles et sensibles à l'œil: relations dont nous, habitants d'un étage inférieur du monde, ne pouvons pas plus nous faire une idée précise, que nos ancêtres d'il y a seulement quelques centaines d'années n'auraient pas pu comprendre qu'il fût aisé de communiquer avec les points de ce globe-ci que nous nommons les Antipodes. D'ailleurs, ajoutai-je, il part de toutes les autres îles de l'univers des légions d'êtres semblables à nous, et comme nous devons les retrouver de plus en plus réunis à nous, à chacun des degrés supérieurs de la vie que la mort nous fera franchir, le principe de la solidarité, bien loin de subir nulle infraction, ira, au contraire, agrandissant son cercle à chaque ascension, comme nos facultés et notre amour. Ce à quoi nous avons droit, me dis-je, pour me mieux rendre compte de mon idée, c'est à être punis ou récompensés suivant nos œuvres, et, en même temps, à un progrès indéfini: or Dieu ne peut pas manquer de moyens pour traiter les méchants différemment des bons et les forcer à progresser par les effets de leur punition même. *Citoyens de l'univers*, dans le vrai sens du mot, nous sommes partis de la croyance à la solidarité des nations et de l'humanité terrestre, pour en arriver enfin à la pratique du dogme de la solidarité de l'humanité universelle. Progresser sans cesse, et nous approcher, à chaque promotion conférée par la mort, de Dieu, qui est tout entier, il est vrai, sur ce globe comme partout, mais qui peut être compris cependant comme se révélant d'une manière de plus en plus apparente dans d'autres sphères, de même qu'au point de vue des dons de la nature, il se manifeste plus confortablement, si l'on peut ainsi dire, dans nos climats tempérés du Midi que dans les inféconds régions du pôle, telle est notre loi. Et n'arriver cependant jamais à lui, ne le voir jamais face à face, pour me servir de cette locution biblique ; en demeurer, au contraire, toujours séparés par l'infinie distance de la substance finie à l'infini, telle est la condition de notre être : loi et condition sublimes, vraiment dignes d'être imposées par le maître souverain du monde à la créature qu'il a choisie entre toutes pour glorifier sa puissance !

Cependant, tandis que remontant ainsi la série de mes contemplations, je demeurais immobile dans mon lit, le temps avait marché. Nous n'étions plus qu'à une petite distance du jour, et l'un de mes gardiens ayant jeté un coup d'œil sur la fenêtre, où apparaissait une légère lueur blanchâtre, et un autre sur mon visage paisible comme dans le sommeil, laissa échapper un soupir et dit à son camarade : « Ce pauvre malheureux ! il dort ! Il aurait mieux valu pour lui que la balle qui l'a frappé à la tête l'eût tué ! » — Ces mots, prononcés du ton d'une commisération profonde, me rappelèrent aux circonstances de ma position physique. Or une fois, dans mon enfance, il m'était arrivé, dans ma petite ville de province, de faire, avec quelques camarades de pension, la partie d'assister à une exécution. En ce temps-là, les condamnés étaient menés au supplice avec un solennel appareil, — en plein midi, — toutes les cloches de la ville sonnant en lugubres volées l'agonie, — et la confrérie des pénitents marchant comme de pâles fantômes le long du cortége. Long aussi était le chemin à parcourir entre la prison et l'échafaud. Nous allâmes nous placer sur le passage, armés de toute notre palpitante curiosité d'enfants. Mais lorsque j'aperçus le livide aspect du patient, que deux hommes soutenaient, haletant la mort entre leurs bras, les traits hérissés par la terreur, et tout ce hideux ensemble d'yeux égarés dans leurs orbites, de bouche entr'ouverte comme pour crier, de membres se roidissant dans leur faiblesse, je fus saisi d'un mouvement d'horreur, et oubliant dans mon effroi mes projets et les railleries futures de mes amis, je m'enfuis. C'est le souvenir de cet homme que la phrase de pitié du gardien évoqua soudain dans ma mémoire. Et, par une assez naturelle association d'idées, je songeai aussi à une note insérée, par les auteurs de l'*Histoire parlementaire* (Roux et Buchez), au bas des paroles prononcées par le docteur Guillotin, à propos de sa fameuse machine. Cette note dit qu'il n'est pas certain que la décollation soit un supplice aussi peu douloureux que le suppose l'inventeur de l'instrument, et elle cite des exemples qui sembleraient démontrer que le sentiment et même la connaissance peuvent subsister quelques instants encore après que la tête a été coupée. Bénéfice de la bonté divine! Ces idées qui, en d'autres moments, m'auraient fait tressaillir peut-être, passèrent sur mon âme sans l'émouvoir. Bientôt même, réagissant du haut de mes convictions contre le désir exprimé par le gardien: «Non! non! me dis-je. Cette mort-ci sera plus utile pour ma cause, donc elle est préférable.» Et rappelant à ma pensée toutes les magnificences du monde supérieur que j'entrevoyais tout à l'heure, j'essayai de remonter dans ces régions heureuses. Mais le jour était proche, trois heures du matin venaient de sonner. Une idée déjà apparue la veille se présenta de nouveau à mon esprit. Qui pouvait m'assurer qu'on ne m'enverrait pas, avec le lever du soleil, le bourreau? Car enfin, on me faisait l'honneur, je pense, d'être sûr que je ne demanderais pas grâce! Et, puisque l'arrêt qui me frappait était exécutoire sans sursis, pourquoi n'userait-on pas de ce droit d'exécution immédiate, pour prévenir toute possibilité de rassemblement public, de même qu'on avait tant hâté, par une politique facile à comprendre, les préliminaires mêmes du procès? Et voyant que, dans ce cas, il me restait bien peu de temps à moi, je me mis à faire mes adieux à toutes mes affections terrestres: ma patrie, ma sœur, mon frère et tous mes amis divers; j'envoyai du fond de mon cœur un embrassement à chacun d'eux. La France, surtout, c'est la France sur qui mon âme resta le plus longtemps étreinte. Je lui disais dans mon transport d'amour que, bientôt sans doute, les obstacles opposés à sa marche disparaîtraient, qu'elle redeviendrait le grand peuple, le peuple de l'Égalité, la nation libératrice du genre humain, mais que, quand ce grand jour adviendrait, je ne pourrais point, moi, me lever pour la sainte cause. D'elle, je me relevai vers Dieu; et comme je lui rendais grâces pour ces quatre grands bonheurs d'avoir été, dans cette première période de ma vie, Français, républicain, aimé des bons, proscrit par les méchants, — j'entendis un grand bruit d'hommes et de chevaux dans la prison. En même temps le jour commençait à se faire à ma fenêtre. C'était l'heure... et l'homme aussi .. je le crus. J'attendis un instant sa visite, écoutant le bruit des pas qui approchaient. Lorsqu'ils retentirent devant ma porte: «Saint-Just, m'écriai-je, dans un muet élan d'indicible ferveur, Robespierre, Couthon, Babœuf, et vous aussi, mon père, ma mère qui m'avez porté dans vos entrailles, priez pour moi ; voici mon jour de gloire qui vient ! » — Mais ce jour de gloire n'arriva pas. C'était la garde seulement et la sentinelle qu'on relevait.

Lorsque la prison fut rentrée dans son silence accoutumé, un de mes gardiens, se rappelant que chaque matin je fumais aussitôt après mon réveil, vint m'offrir ses secours pour remplacer mes mains liées. J'acceptai, et grâce à lui, le démocratique instrument, placé tout allumé dans ma bouche, lança bientôt dans l'air ses épaisses fumées.

Alibaud aussi a fumé dans cette même chambre et dans des conditions semblables, me dit un autre gardien ; et une fois la conversation mise sur ce sujet, elle se prolongea pendant longtemps, la cordiale douceur de cet énergique jeune homme et le calme stoïque avec lequel il attendait son supplice ayant laissé de nombreux souvenirs et une impression profonde dans l'esprit de tous ceux qui l'avaient vu de près au Luxembourg.

A huit heures, le directeur vint dans ma chambre. Sa visite avait pour but, premièrement de me faire délier les bras, et, en même temps, dit-il, de m'apprendre que M. Montès, l'aumônier des prisons, s'était déjà présenté deux fois pour me voir. Recouvrer la liberté de mes membres était un bonheur dont je ne croyais plus jouir dans cette vie. Ce premier épisode de la visite me fit donc l'effet d'un véritable plaisir inespéré. Quant à la demande de M. Montès, je répondis au directeur qu'il avait entendu la veille ma déclaration de foi devant M. Cauchy, et que je le priais, par conséquent, de dire à l'abbé que je n'avais aucunement besoin de ses services. « J'ai remarqué en effet vos paroles et j'en ai dit moi-même quelque chose à M. Montès, répondit le directeur, mais il persiste à vouloir vous voir, et comme il a le droit de communiquer avec un condamné dans votre position, je crains fort de ne pouvoir pas l'empêcher d'en faire à sa volonté. Tout ce que je puis vous promettre, c'est de lui exprimer votre refus et d'insister pour qu'il ne vienne pas. » Et il se retira après m'avoir accordé la permission de faire apporter, comme je le lui demandais, de quoi dîner ce dernier jour avec les quatre gardiens spécialement attachés à *mon service*.

A cette heure, j'étais sûr d'avoir au moins une journée à moi ; et, comme tout est relatif en ce monde, il me sembla, après avoir compté par minutes le matin, que j'étais de nouveau riche de temps. Je me mis à le passer paisiblement, fumant de temps à autre une pipe et relisant les poésies de lord Byron. Une chose seulement me tourmentait, c'était l'état de ma pauvre sœur. J'avais recommandé aux deux derniers amis avec qui j'avais pu communiquer librement, aux citoyens Emmanuel Arago et Dupont, de veiller à lui cacher ma condamnation jusqu'à ce que tout fût terminé ; mais n'était-il pas à craindre qu'ils n'eussent pu y réussir ?

A part ces pensées, les autres incidents de la journée se bornèrent à ceci.

Vers midi, je vis entrer dans le préau qui s'étendait sous ma fenêtre quelques-uns de mes co-accusés, parmi lesquels je remarquai le malheureux Mialon et le brave petit Martin Noël. Mialon avait l'air fort triste ; et, à peine entré, il alla s'isoler dans un coin. Martin Noël, lui, paraissait conserver toute sa vivacité d'humeur d'*intrépide gamin de Paris*. Quand il m'aperçut derrière mes barreaux : « Cinq ans ! me cria-t-il d'un ton fort indifférent sur son sort ; monsieur Barbès, ils m'ont condamné à cinq ans ! le savez-vous ? » Je lui fis signe que oui, et portai ensuite la main à mon cou, pour lui désigner le genre de peine qui m'était dévolu à moi. Le brave jeune homme resta un moment comme s'il ne me croyait pas ; mais, voyant enfin sur mon buste la camisole de force que je lui montrais pour preuve : « Mon Dieu ! s'écria-t-il, moi qui étais si content, parce qu'on m'avait dit que vous n'étiez condamné qu'à la déportation ! » Et, quittant le jeu qu'il avait commencé, il alla se jeter sur un banc, la tête enfoncée dans ses deux mains.

Quand ce loyal enfant et les autres prisonniers *de sa sortie* eurent été ramenés dans leurs chambres, ce fut à mon tour d'aller aussi prendre l'air sur le préau. J'y étais à peine que le directeur vint me joindre ; il avait, dit-il, à m'annoncer que M. Montès n'avait pas voulu s'arrêter devant ses objections, et qu'il était en ce moment dans la prison pour me voir. J'avais aperçu M. Montès à la Conciergerie, pendant un de mes précédents emprisonnements ; je savais que c'était un homme âgé, d'apparence respectable ; et, désireux de lui épargner tout ce qui pourrait le blesser dans mon retard, j'insistai une nouvelle fois auprès du directeur, pour qu'il l'empêchât d'entrer ; mais, comme je faisais cette prière, je vis déboucher, par le bout opposé de la cour, M. Montès lui-même. Puisqu'il n'y avait pas d'autre moyen, je pris le parti de faire moi-même aussi ma commission. Je m'avançai vers lui, et lui dis, avec toute l'honnêteté possible, que, dans toute autre circonstance, je me tiendrais honoré de sa visite et que je causerais volontiers avec lui comme avec le premier galant homme venu que je rencontrerais dans un salon, mais

1.

que la position dans laquelle je me trouvais m'obligeait à être ménager de mon temps et à ne l'employer qu'à la méditation des idées qui pouvaient m'être vraiment utiles. « Mais est-ce que vous n'êtes pas catholique? » interrompit M. Montès. La question facilitait ma réponse. « Je suis catholique, lui dis-je, en ce sens que, dans mon enfance, j'ai été baptisé et que j'ai fait ma première communion suivant les rites de cette religion, mais voilà tout ce qu'il y a de commun entre elle et moi. » Et, sans autre pourparler, nous nous saluâmes réciproquement là-dessus, M. Montès murmurant, en faisant sa retraite, qu'il n'en prierait pas moins Dieu pour moi. Revenu près du directeur, celui-ci me dit en effet que M. Montès avait le droit de m'accompagner au supplice et qu'il le ferait sans doute, ce à quoi je répondis que je n'avais pas plus le pouvoir de l'empêcher que d'empêcher le bourreau lui-même d'y venir.

Après ceci, et un moment après être remonté dans ma chambre, je fus demandé au parloir. J'eus peur d'abord, croyant que c'était ma sœur; mais Dieu m'épargna cette épreuve: c'était Emmanuel Arago. Il ne fit qu'entrer et sortir. On avait refusé à Dupont et à lui la faculté de me voir seul à seul, suivant le privilége des avocats, et il venait me dire que, pour ne pas acquiescer à cette infraction du droit de leur ordre dans leurs personnes, Dupont, malgré son grand désir de me voir, ne venait pas, et que lui, Emmanuel Arago, se retirait de suite, puisque nous n'étions pas seuls. « Et du reste, ajouta-t-il en me tendant, pour clore l'entrevue, sa main à travers les barreaux, je dois vous dire aussi que le cœur de tous vos amis est avec vous et que vous possédez pareillement l'estime de beaucoup d'autres personnes qui ne vous connaissent que par les circonstances actuelles. »

« Merci! lui dis-je; vous me donnez là la meilleure des nouvelles que je puisse recevoir en ce moment. »

Peu de temps après son départ, je fus encore appelé au parloir. Cette fois, ce fut mon frère que j'y trouvai et un de mes cousins, Berthomieu, dont mon cœur inscrit ici le nom, parce qu'il se comporta, pendant tous ces jours, pour moi, comme un autre frère. Cette entrevue est un des plus cruels moments que j'aie jamais passé dans ma vie. J'étais déjà un peu ému, même avant d'entrer dans le parloir, car je sentais que j'allais décidément avoir affaire à la douleur de mon frère ou de ma sœur. Heureusement ce n'était pas *elle*. Mais mon frère, qui est un des plus énergiques hommes que je connaisse et de ceux qui se dominent le plus, m'apportait, à cause de cette énergie même, un non moins grand péril d'émotion. Je songeai qu'arrivant récemment d'un long voyage, la première nouvelle qu'il avait apprise sur les rives de France, à quelques lieues encore en mer, avait été le compte-rendu de mon acte d'accusation. Depuis, il avait pris la poste, torturé par la crainte de ne pas me retrouver vivant. Son visage portait l'empreinte des plis creusés dans son âme par chacune de ces incessantes heures d'angoisses.

Cependant il essaya de me rassurer sur le compte de ma sœur. Mais lorsque d'elle nous en arrivâmes à parler de ces deux jeunes créatures que nous nommons lui et moi nos neveux, et pour qui nous avions fait si souvent des projets d'avenir et de tendresse, l'image de la mort, rendue plus saillante par l'opposition de ces deux vies qui commençaient, passa comme un frisson entre nous deux. D'un brusque élan, il me tendit la main et s'enfuit. Et moi, resté seul, je me sentis troublé dans ma chair. Faiblesse humaine! Hélas! celui qui fut si fort et si grand, que l'humanité, l'admirant, l'a nommé pendant dix-huit cents ans le Fils de Dieu, ne s'écria-t-il pas, lui aussi, un instant : « Mon père, si c'est possible, détournez de mes lèvres ce calice! » Toutefois, puisque j'ai osé faire intervenir ici ce nom sublime, ma volonté, pas plus que la sienne, ne fut ébranlée, et m'assurant bientôt que c'étaient le sang et le corps seuls qui avaient tremblé, je traversai la cour avec autant de confiance que jamais en mon âme immortelle, me répétant, pour achever de me relever l'esprit, ces mots de Byron que j'avais notés le matin et que j'ai retenus depuis : « Ils n'échouent jamais ceux qui tombent pour une sainte cause..... ils ne font qu'augmenter les pensées profondes qui triomphent enfin et conduisent le monde à la liberté! »

J'étais complétement remis quand je rentrai dans ma chambre, et le reste de la soirée fut paisible. Je dînai avec mes gardiens, qui continuaient à me donner, de plus en plus, d'évidentes marques d'intérêt; et plus tard, avant de me coucher, j'échangeai encore quelques paroles avec le directeur. Instruit de la souffrance que les nœuds de la camisole de force m'avaient occasionnée dans la nuit, il ordonna de ne pas faire tout cet amarrage de cordes pour celle-ci, et de me lier seulement les bras. « C'est uniquement pour me conformer à la lettre de mes ordres, dit-il; car, avec vous, je vois bien qu'il n'est pas besoin de précautions. Mais, enfin, ne vous fâchez pas, ajouta-t-il avec un sourire, je vous traite comme j'ai traité Alibaud, et ç'a été, comme vous savez, mon meilleur prisonnier et le plus calme. Et à propos d'Alibaud, reprit-il après une petite pause et avec un second sourire, il faut que je vous montre un billet qui me reste de lui. Vous verrez qu'il ne partageait pas votre opinion sur certain sujet. Il a reçu plusieurs fois, même avant sa condamnation, les visites de l'abbé Grivel, et ses entretiens lui plaisaient fort. » En moi-même j'hésitais beaucoup à admettre la vérité de ce fait avancé, à ce qu'il semblait, pour la circonstance; mais comme, en somme, il importait peu à mes convictions religieuses qu'Alibaud eût conféré ou non avec l'abbé Grivel, et que d'autre part la politesse ordinaire défend de dire en face des gens qu'on ne les croit pas : « Dans l'anarchie d'idées religieuses où nous sommes, répondis-je, il est rare de rencontrer deux hommes de suite qui voient de même sur ce sujet. Si Alibaud a trouvé de la consolation ou du plaisir, comme vous dites, dans les visites de M. Grivel, il a bien fait de les recevoir; de même que moi je fais bien de prier les prêtres de me laisser tranquille, puisque leur présence et leurs propos ne seraient qu'une perte de temps et un cruel ennui pour moi. »

Ce furent là les derniers mots que je prononçai pendant cette journée du 13 juillet 1839.

En m'étendant, les mains liées, dans mon lit, je songeais que, cinquante ans juste auparavant, Paris avait senti gronder dans ses entrailles ce grand mouvement de liberté qui devait, le lendemain, prendre la Bastille et inaugurer dans l'histoire des opprimés cette nouvelle ère qui aboutira, quoi qu'on fasse, au triomphe définitif des peuples et de l'égalité. Je me représentai cette grande journée, le choc de deux idées qui se rencontraient enfin, la baïonnette au bout du fusil; et de la bouche des hommes du peuple qui tombaient il me sembla entendre sortir ces mêmes mots de lord Byron : « Non! non! ils n'échouent jamais ceux qui meurent pour une sainte cause. » — Et si, regardant dans l'avenir, il m'eût été donné d'y voir un tragique épisode fort prochain, j'aurais pu me dire aussi : « Soldat de la démocratie, tu gis aujourd'hui comme un malfaiteur dans ton cachot, et du cœur de ta famille et de tes amis il est monté plus d'un cri vers le Seigneur, disant : « Mon Dieu, pourquoi cette affliction? Dans trois ans, jour pour jour, une autre famille, celle-là même aux intérêts de qui ta vie est en ce moment livrée, éprouvera une désolation pareille : elle verra, étendu sur un grabat d'auberge, la tête fracassée par un pavé, un jeune homme, également à la fleur de l'âge, celui en qui elle avait mis ses plus chères espérances et son orgueil, et, loin de moi la pensée d'insulter au malheur d'un ennemi quelconque, et, parce qu'un caillou rencontré sur un chemin aura brisé un chaînon de cette hérédité pour l'établissement de laquelle la France ne sait que trop qu'on n'épargne nul sacrifice, la peur fera tressaillir, comme un édifice qui s'écroule, tous les intérêts monarchiques. Qui doute, au contraire, dans la démocratie, que ton sang versé demain ne soit une force de plus et comme une rosée féconde pour la cause? Ah! c'est que chacun de nous porte en soi la conscience de l'humanité de son époque, et que roi et peuple, nous comprenons bien qu'impuissante contre le droit la mort détruit, au contraire, avec les hommes, tout ce qui n'a sa raison d'être que dans l'artifice et la ruse. » Voilà ce que j'aurais pu me dire, mais je me contentai de dormir. Les liens de la camisole de force relâchés me permettaient, malgré l'empêchement des bras, de prendre à peu près une position habituelle pour le sommeil, et je dormis, tout d'un trait, jusqu'au matin. Il était grand jour lorsque je m'éveillai. Comme la veille, mon même gardien (Gallet) vint me servir ma pipe tout allumée, et le bonjour donné par ses collègues. « Au moins, dit l'un d'eux, nous pouvons être tranquilles pour aujourd'hui ; nous sommes sûrs que ce ne sera pas de la journée. » Pourquoi, demandai-je? Mais me rappelant que nous étions au dimanche, je compris qu'en effet le travail du bourreau devait chômer ce jour-là comme tous les travaux publics.

Depuis la veille, ou, pour mieux dire, depuis tantôt deux mois, car je puis me rendre la justice de dire que, dès l'instant de mon arrestation, j'avais toujours parfaitement bien cru que je serais guillotiné, je m'étais habitué à vivre au jour la journée. J'accueillis donc cette annonce d'un nouveau sursis sans aucune émotion intime clairement perçue, et après avoir clos la conversation par un : « En ce cas, ce sera pour demain, » je me mis, sans, pour ainsi dire, avoir la conscience de ma pensée, à faire une sorte de calcul du nombre d'heures ou de journées que cet usage de ne pas exécuter le dimanche pouvait avoir ajouté à l'addition générale de la vie de tous les membres de l'humanité jusqu'à nos jours. Je fis là-dessus quelques raisonnements, tels que de me demander si c'était une interdiction d'origine uniquement chrétienne, comme la trêve de Dieu du moyen âge, ou bien si les chrétiens ne l'avaient pas prise eux-mêmes dans des institutions plus anciennes. Et bref, de question en question, les renseignements historiques me manquant, car, bien entendu, je n'avais jamais songé jusqu'à ce jour à les prendre comme pouvant y avoir un intérêt précis, je m'étais à peu près perdu dans mes supputations, lorsque le directeur entra.

Ainsi que la veille, il commença par me faire délier les bras, et, cette opération terminée, « je vous avais parlé hier, dit-il, d'un billet d'Alibaud ; tenant à vous prouver que je ne vous ai pas trompé, le voici. » Et il me présenta un papier contenant trois lignes d'une magnifique écriture, que je reconnus de suite pour en avoir vu et possédé, longtemps, une imitation. C'était bien un autographe d'Alibaud. Rien qu'à voir la hardiesse des traits et la ferme expansion des caractères, on sentait que le cœur, pas plus que la main de l'auteur, ne tremblait quand il les avait tracés. La date était du 10 juillet 1836, la veille de l'exécution, et le billet disait : « Je remercie M. Grivel de ses bontés, et je le prie de me laisser faire seul le voyage à l'échafaud. » Je contemplai un moment cette dernière empreinte d'une main que le froid de la mort allait saisir, et, après avoir écarté des pensées d'un autre genre soulevées par le souvenir de l'homme, je fis un rapide retour sur la question même du billet; que signifiait-il? A mon avis, qu'Alibaud avait reçu dans M. Grivel l'homme et non pas le prêtre; car c'est au dernier moment, ce semble, que ceux qui meurent dans la religion catholique ont surtout besoin de ses ministres, et Alibaud demandait, lui, qu'on le laissât seul pour ce moment. J'étais prêt à dire ces réflexions; mais, pour ne pas engager une inutile controverse, je répétai simplement ma même réponse déjà faite; et, comme les idées s'engendrent par une filiation qui leur est propre, la vue du billet qu'on m'avait montré m'ayant fait penser que je ferais bien, puisqu'il me restait encore du temps, de l'employer à écrire à ma famille, je demandai au directeur du papier à lettre pour le faire.

Ce papier venu, j'écrivis à ma sœur, à mon frère, à mes deux défenseurs, Emmanuel Arago et Dupont, et à quelques amis (des lettres qu'ils n'ont pas reçues, car je les ai brûlées, le soir, immédiatement après avoir appris que je ne serais pas tué). Ma situation d'esprit était le calme d'une douce résignation. Les idées me venaient abondantes, nombreuses, empreintes d'une sorte de poésie mélancolique, mais non pas triste. Je développai surtout avec chaleur la recommandation de ne pas plaindre mon sort, mais de considérer, au contraire, que je quittais cette terre dans les conditions les plus favorables possibles : honoré de la couronne du martyre, jeune, me possédant bien tout entier, et n'ayant souffert aucun de ces déperissements moraux et physiques qui signalent la terminaison de l'existence par les maladies. Les heures s'écoulaient vite : aussi, était-il déjà plus de midi, et j'étais toujours, si je puis ainsi dire, dans le charme de cette occupation, lorsque je vis entrer, de nouveau, le directeur. Il était suivi d'un monsieur complétement vêtu de noir, et ayant un air avenant et digne. Ce fut ce second personnage qui prit la parole. « Je suis l'abbé Grivel, » dit-il... Et comme, à cette annonce mon visage montra sans doute que je n'étais pas très satisfait de la visite, il fit un geste de la main et me présentant un livre et une lettre : « Mais je ne viens pas pour mon compte. Je m'acquitte seulement, en vous remettant ces objets, d'une commission donnée par une dame pieuse. » J'ouvris la lettre et la parcourus du regard. C'était une espèce d'homélie ayant une couleur d'illuminisme. Le ciel et l'enfer y jouaient un très-grand rôle. Mais, comme elle finissait par ces mots un peu plus raisonnables, par l'expression du moins, que tout le reste : « Ne soyez pas de ceux qui traitent de folie le sublime sacrifice de la croix, » je compris que j'avais là un moyen tout trouvé de faire savoir mon opinion à M. Grivel. Je lus la phrase à haute voix, et, relevant les yeux sur lui, j'y ajoutai ce commentaire : « Vous pouvez répondre à cette dame que je n'ai jamais songé à traiter de folie l'acte dont elle me parle. Si je croyais que Jésus fût Dieu, comme je ne comprends pas qu'un Dieu puisse ni mourir ni souffrir, je ne saurais, il est vrai, de quel nom qualifier toute cette histoire de la croix. Mais sachant la victime homme comme moi, ma position actuelle, en m'assimilant en quelque sorte à ses souffrances, me fait apprécier, mieux que qui ce soit, les mérites de son dévouement. » La conversation devait naturellement se borner là. M. Grivel, dont les traits, je dois le dire, portaient l'expression du plus noble sentiment, se leva, et après m'avoir prié de nouveau de vouloir bien être assuré qu'il n'y avait aucune intention cachée dans sa démarche, il me quitta avec un tact parfait. Je passai encore un moment, après sa sortie, à finir mes dernières lettres, et quand j'eus tout mis sous bande pour être distribué après ma mort, je me repris, en voyant sur ma table le livre (une sorte de *Manuel du chrétien*) et la missive de *la dame pieuse*, à songer à l'incident de cet envoi. Quelle était cette dame innommée ? Où, dans quelle région se rencontrait-il une individualité féminine qui s'intérressât ainsi à moi ? C'était, vu la spécialité de l'occupation, quelque vieille fille évidemment ! Et s'être servie pour messager ordinaire de M. Grivel, l'aumônier de la Chambre des pairs, ceci indiquait, sans y mettre trop d'amour-propre, quelque habitante des aristocratiques parages. Et en cherchant, comme, à propos de marques d'intérêt, le mouvement naturel est de penser d'abord à ses amis, il me passa une assez facétieuse idée par la tête. Elle me fit rire, et comme faire rire un condamné à mort n'appartient pas à la première idée venue, je dois en faire part au lecteur. Sa donnée originelle est que M. Pasquier possède, dit-on, dans la rue d'Anjou, une sœur, vieille fille ou veuve, qui vit sous le même toit que lui, et qui est, ajoute-t-on, très-dévote. Or, l'intérêt témoigné, dans ces derniers temps, à ma personne par l'héritier mâle des Pasquier me parut pouvoir s'être communiqué à la partie femelle de la famille, et de là, le frère s'étant occupé de ma destinée temporelle et de me caser en ce monde, la sœur avait voulu, pour que rien ne périclitât, prendre soin de mon sort ultérieur. Ame et corps, à ce compte-là, ce digne couple mettrait sa griffe sur mon être entier, et dans leurs offrandes respectives aux deux majestés qu'ils courtisent, l'une me ferait figurer sur sa liste de conversion, comme l'autre m'avait placé sur les tables de condamnation. Autrement dit, suivant le mot vulgaire, l'un m'ayant signé ma feuille de route, l'autre m'envoyait mon billet de logement, la guillotine restant le point à franchir, bien entendu. Cette idée me parut assez drôle, je le répète, et j'en ris malgré moi, sur l'heure. Mais, comme en fait ma supposition était fausse, car j'ai appris plus tard que *madame Pierre* était le même personnage qu'une dame de je ne sais quel nom pétitionnant à tout bout de champ près des Chambres pour des sujets religieux, j'en demande à qui de droit très-humblement pardon. D'ailleurs, la gaieté produite par cette vision ne dura guère. L'heure de mes promenades étant arrivée, je descendis sur la cour. Suivant son habitude, le directeur vint bientôt m'y joindre.

Le temps était chargé d'électricité, désagréable un peu pour les nerfs. C'est à cette circonstance que se rapporta la première parole qu'il prononça : « L'atmosphère est bien lourde, dit-il, il doit y avoir un orage quelque part, quoiqu'on ne voie pas de nuages sur l'horizon. » Cette assertion me fit un singulier plaisir. Depuis que j'étais sur le préau, en effet, j'avais remarqué une sorte d'opacité dans l'air ; le soleil me semblait pâle et terni, et comme je n'apercevais pas de nuages cependant et que, d'un autre côté, ce n'était pas la saison des brouillards, je m'interrogeai anxieusement à part moi sur ce phénomène : « Serait-ce donc que j'y vois trouble, me disais-je, et mon état de condamné à mort a-t-il ainsi modifié mon organisme ? Mais alors j'ai donc peur !... » Et, quoique je ne me sentisse aucun effroi perçu, la peur d'avoir peur m'avait saisi. Le mot du directeur me tira donc de peine. Sans lui répondre autre chose, à mon tour, qu'un lieu commun, je tressaillis, dans le fond de mon cœur, de satisfaction. La conversation fut ensuite amenée sur ma position : « Vous voulez donc vous faire tuer ? me dit mon interlocuteur. Je ne crains pas la mort plus que vous ; mais, à votre place, précisément parce que vous tenez tant à votre cause, je chercherais à me conserver pour elle. » L'histoire des précédents condamnés à mort par la cour des pairs m'avait appris qu'après l arrêt, de hauts personnages officiels avaient fait auprès d'eux des démarches ayant pour but de les pousser à demander leur grâce ; et, malgré mon espoir presque certain qu'on se dispenserait envers moi de toute tentative de cette espèce, je m'étais cependant tenu prêt à repousser l'homme et l'outrage, s'ils osaient venir, par ce seul mot : « Sortez ! » Mais la personne qui me parlait n'avait aucune mission avouée. Elle se posait, au contraire, comme faisant abstraction de sa qualité de directeur, et obéissant seulement à ce sentiment qui porte toute créature humaine à désirer le salut et le bien de son semblable. Je pus donc lui répondre froidement, comme quelqu'un qui fait abstraction aussi : « Le seul moyen en ce moment de *me conserver* pour ma cause, c'est d'avoir la tête coupée pour elle. Voilà le seul et véritable service que je puisse lui rendre de ma personne. Vivant, qu'étais-je ? un simple soldat susceptible de tirer un coup de fusil comme mille autres. Mort, au contraire, je deviens une puissance, et c'est de ce jour, pour ainsi dire, que mes ennemis commencent à avoir à faire à moi. Aussi, il faudrait que je fusse bien sot pour leur sauver ce danger-là ; et, quant à ces cinq pieds six pouces de chair qui se promènent à vos côtés, Dieu, soyez-en sûr, n'est jamais du parti des lâches. Si, pour vivre quelque temps de plus avec eux, je commettais une bassesse, il ne me laisserait pas bénéficier longtemps de mon opprobre. Judas s'est perdu après avoir trahi son maître. Moi, si dans un transport de folie, je trahissais aujourd'hui mon devoir, je me couperais le cou demain, aussitôt rentré dans mon bon sens. » Nous dîmes encore après cela quelques mots sur le sort de mes camarades condamnés à des peines de détention, mais ce n'était qu'une affaire de remplissage, et le directeur m'ayant bientôt quitté, je me replongeai en plein dans ma situation d'homme qui va mourir. « C'est décidément pour demain, me dis-je ; et déjà le soleil baisse. Il faut donc examiner encore si nous n'avons rien oublié pour nos derniers moments. » En passant de ma vie présente et future cette longue revue que j'avais déjà passée tant de fois depuis que j'étais en prison, j'en arrivai aux incidents spéciaux de la visite du bourreau pour la toilette, et de la petite station extrême sur l'échafaud.

En ces deux circonstances, pensai-je, il est de règle de prononcer quelques mots. Que pourrai-je dire, moi, pour me conformer à l'usage? « Vive la République! vive la France! » c'est bien pour le moment même où l'on vous abat sur la planche, et d'obligation indispensable d'ailleurs, comme le « *Cœsar, morituri te salutant* » pour les gladiateurs dans le cirque. Mais cela ne suffit pas, et avant ce dernier salut, il y aurait une petite allocution à faire, et tout en me promenant dans ma chambre, car j'y étais remonté vers les trois heures, je cherchai mes deux improvisations d'*in manus*. Du bourreau à ceux qu'il a tués, il n'y a, c'est le cas de le dire, que la main. Donc, songeant à l'un, je songeai bientôt aussi aux autres; et voyant parmi ceux-ci Pépin, Morey, Alibaud, « c'est cela, me dis-je, je demanderai au Samson qui va avoir l'honneur de me manier la tête demain si c'est lui qui a également eu l'honneur de couper celles de ces trois hommes-là; et s'il me répond oui, comme c'est probable: « Eh bien! lui répliquerai-je, voici un renseignement qui n'est pas sans intérêt pour vous. Du temps où l'on croyait à la supériorité du sang des nobles, il y avait de par le monde un pays où tout homme de votre profession qui avait exécuté pendant sa vie sept nobles se trouvait par ce fait-là noble lui-même. Or, comme dans ce siècle, en France, quatre têtes de républicains valent, je l'espère, plus que, nulle part, n'ont jamais pu valoir sept nobles même tout entiers, vous pourrez, si cela vous convient, aller demander tout à l'heure, non pas un honneur quelconque qui ait trait au républicanisme — c'est Dieu et la conscience seuls qui confèrent cette noblesse-là, — mais la croix à celui qui vous paye. » Telle fut mon allocution préparée pour l'instant dit la *Toilette*. Il m'en fallait une autre à prononcer pendant la halte sur l'échafaud, et, par je ne sais quelle réminiscence historique, j'évoquai pour ce moment le souvenir du jeune Conradin de Hohenstauffen jetant parmi la foule son gantelet avec le cri: « A qui me vengera! » Je n'avais pas de gantelet à faire relever par personne, pas plus que je souhaitais de vengeance pour moi-même, mais il y avait un contraste à présenter entre le sentiment qui avait poussé le fils des empereurs et des rois à résumer ainsi sa dernière pensée, et le principe au nom duquel moi, fils de la démocratie, et chevalier du meilleur des droits, je cherchais, par mon cri:

« Vive la République ! vive la France ! » à jeter, en mourant, mon amour dans l'esprit du peuple. Malheureusement, c'était un peu long, et je travaillais à renfermer mon idée dans une phrase assez courte pour que j'eusse le temps de la dire, lorsqu'on vint me chercher pour le parloir. J'éprouvai, de nouveau, la crainte que ce ne fût ma sœur ; mais le gardien, à qui j'en fis la demande, me rassura en me disant que c'étaient des hommes, et à ce qu'il croyait, mes avocats. L'un de mes visiteurs était, en effet, Emmanuel Arago, et l'autre mon beau-frère. Ce fut Emmanuel qui m'adressa les premiers mots. Mon beau-frère était trop ému pour le faire. « Comment allez-vous ? » me dit-il, et sur ce que je lui répondis : « Toujours bien jusqu'à présent. » Et sous-entendant, par rapport à mon beau-frère, la fin de ma pensée : « Pour un homme qu'on va tuer demain. » — Eh bien ! reprit-il, comme s'il répondait lui-même à cette partie non exprimée de ma phrase, vous irez encore mieux maintenant ; car vous ne serez pas tué. » En toute vérité, cette nouvelle me laissa froid. Était-ce que je me trouvais incapable d'émotion, comme, après une longue maladie, l'organisme est incapable de mouvement, quoique le malade ne se doute pas de sa faiblesse, tant qu'il gît couché dans son lit ? Ou bien sentais-je que je ne gagnais guère au troc d'une mort rapidement reçue contre les lentes souffrances de celle qui devait venir me détruire pièce à pièce dans un cachot ? Je ne sais : je ne cherchai pas à analyser ma situation. Mais sans joie aucune certainement, je demandai à Arago le nom de ma nouvelle peine. Il l'ignorait ainsi que mon beau-frère. Tout ce qu'ils pouvaient me dire, c'est qu'une dépêche, partie du conseil des ministres, venait de leur apprendre que la peine de mort était commuée. Cette réticence ne pouvait que me confirmer dans mes appréhensions secrètes. « Alors, vous verrez, m'écriai-je, que c'est pour les galères, et un an, six mois, un jour d'accouplement avec un scélérat me semblent pires que la mort. » Arago essaya de calmer mes craintes. « L'état de l'opinion, dit-il, ne permet pas qu'on vous envoie aux galères. Et vous y envoyât-on ! eh bien ! mieux vaut le bagne que la mort ; on revient de l'un, pas de l'autre. » Mon beau-frère était toujours trop ému pour pouvoir mêler un mot dans ce colloque. Mais le directeur, jetant les yeux sur lui, comprit, en quelque sorte, ce qui se passait dans son âme, et il fut saisi d'une bienfaisante idée. Il donna l'ordre aux gardiens d'ouvrir les portes des deux compartiments du parloir, et mes deux visiteurs, courant à moi, me pressèrent pendant longtemps dans leurs bras...

Ce serait peut-être le cas de m'arrêter ici. Les impressions qui suivent ne peuvent plus être celles d'un condamné à mort ; mais le lecteur, s'il a pris quelque intérêt à cette monographie peu gaie, ne sera pas fâché, je crois, d'y voir succéder enfin des sentiments plus doux. Ma sœur ! c'est son nom cher et saint que nous prononçâmes le premier, mon beau-frère et moi, dans notre ineffable étreinte. « Elle va venir, elle aussi ! Elle vient ! car elle sait que vous ne mourrez pas ! » Tels furent les seuls mots que j'entendis ; et, se sacrifiant à mon impatience, mes deux visiteurs partirent pour hâter cette venue retardée, je le sus après, par la crainte d'une trop vive émotion. En attendant, je dus remonter dans ma chambre. En traversant le préau qui séparait ce corps de logis de celui où je demeurais, j'entendis, vers le haut bâtiment, une voix qui s'adressait à moi : « Eh bien ! qu'est-ce ? » me disait-on avec cet accent de profond intérêt qui donne parfois à un simple monosyllabe plus d'action sur l'âme que n'en sauraient avoir tous les traits de la plus sublime éloquence. Je levai la tête et reconnus derrière les barreaux la martiale figure de Delsade. « Eh bien ! fit-il encore. — On annonce que je ne serai pas guillotiné, lui dis-je. — Vive la République ! alors, » cria-t-il d'une voix retentissante ; et, quittant la fenêtre, il courut donner la nouvelle aux autres prisonniers de son étage.

Dans ma chambre, je reçus les félicitations de mes gardiens. On voyait que le cœur était vraiment en jeu dans leur satisfaction. « Voilà une fameuse journée pour nous, disaient-ils, et dont nous nous souviendrons longtemps. Nous ne sommes pas riches, mais on pourrait bien nous donner de l'or gros comme notre corps, que cela ne nous ferait pas autant de plaisir. Mon Dieu ! que serions-nous devenus si la chose avait tourné autrement ? C'est qu'il ne pouvait plus y avoir de retard, à présent, et on serait venu vous prendre demain matin. » Et comme je leur disais d'aller apprendre la nouvelle à Martin Bernard : « C'est fait, me répondit un de mes hommes. Croyez-vous donc que nous ne sachions pas l'attachement que vous avez l'un pour l'autre ? Aussitôt que nous avons entendu votre avocat vous annoncer que vous ne seriez pas tué, nous avons pensé qu'il fallait aller le dire bien vite à M. Bernard ; et, ma foi, je suis sorti du parloir sans en demander la permission à personne, et je suis allé faire la commission. Maintenant c'est une véritable fête là-haut ; M. Bernard est plus content que s'il s'était agi de sa vie à lui. »

Je les écoutais parler ainsi, heureux de trouver cette délicatesse de sentiments dans des hommes condamnés, par position, à de rigoureux devoirs. « Tout l'atteste, me disais-je, la nature humaine est bonne. Au milieu même des plus endurcissantes professions, cette bonté originelle se fait jour comme un divin instinct vainement comprimé, et j'ai bien fait de me dévouer au principe qui, délivrant l'humanité du servage de ses mauvaises institutions actuelles, lui permettra de se manifester enfin telle qu'elle est. » Cependant, remise un peu de son émotion, ma sœur accourait près de moi. Ce fut le greffier de la prison qui vint annoncer son arrivée, et, comme il vit la camisole de force sur mon dos : « Comment ! vous portez encore cet odieux vêtement ! s'écria-t-il ; il ne faut pas que votre sœur vous voie ainsi, et je veux avoir le plaisir de vous l'ôter moi-même. » Et d'une main en quelque sorte empêchée à force d'empressement, il défit les boucles des courroies.

Ma sœur était derrière la grille du parloir, lorsque j'entrai. Mais le directeur fit bientôt pour elle ce qu'il avait déjà fait pour mon beau-frère; il la laissa passer de mon côté. Je n'essayerai pas de dire un mot de sa personne. Si ce que je crois de la vie future est vrai, si notre âme, progressant de plus en plus vers Dieu, s'approprie, à chaque promotion de la mort, un organisme de plus en plus embelli par sa radieuse essence, telle elle sera un jour, après plusieurs renaissances dans d'autres mondes. Mais laissons l'enveloppe. Au moral, comme toujours, elle était bonne, elle était tendre, elle était grande, elle était sainte ! Pourtant elle mentit, — mais pour la première fois de sa vie, je crois, — avec une inimitable assurance. Ce fut lorsque je lui demandai des détails sur la commutation, et si, au moins, elle n'avait rien fait pour l'obtenir. « Non ! non! » me répondit-elle, et si bien, que je fus complétement trompé. « Je savais trop que je t'offenserais cruellement en faisant la moindre démarche. C'est l'opinion publique qui a tout fait. Tout le monde s'est intéressé à toi : peuple, jeunes gens des écoles, journaux... Tu peux te dire que tu dois la vie à la volonté de la France entière, et cela doit te faire plaisir à toi qui aimes tant ton pays. » Puis, pour m'entraîner bien vite loin de sa dangereuse tromperie, elle se hâta de me raconter les marques d'attachement données de tous côtés par mes amis. « Au milieu de ces affections qui m'ont entourée tous ces jours-ci, il faut surtout, ajouta-t-elle, que je te signale, à cause du caractère de la personne, les sollicitudes de la mère de ton ami de Londres. Madame Cavaignac a été sans cesse auprès de moi, me parlant avec cet accent du cœur que donne l'habitude des grandes infortunes, et confondant dans un même amour son bien-aimé fils exilé, et toi notre pauvre prisonnier. » Et comme après ces épanchements elle faisait un retour sur ma position, le directeur étant intervenu dans notre conversation pour lui dire que j'avais été toujours fort calme et que je n'avais pas peur, « Oh ! s'écria-t-elle avec l'enthousiasme d'une héroïque conviction, ce n'est pas cela qui m'inquiétait; j'étais certaine qu'il était aussi tranquille que s'il se fût agi pour lui de partir pour Fourtou. » Fourtou, ami lecteur, pour que vous compreniez bien sa pensée, est un cher petit coin de terre où nous avons été élevés ensemble, qui garde empreint sur chacun des pieds de gazon et des bruns galets qu'il renferme, quelqu'un de nos souvenirs d'enfance, et qui, pour parler suivant le mauvais droit d'aujourd'hui, est à nous jusqu'à ce que, l'État revendiquant la propriété de tous les instruments de travail, nous puissions, non pas le donner, à ce point de vue qu'il ne nous appartient pas, mais le rendre, comme de juste, à la communauté. Ainsi elle parlait, la noble femme au cœur sublime que Dieu m'a donnée pour sœur, me cachant dans son dévouement ses formidables souffrances à elle; car, en ces jours où on l'avait vue courir suppliante dans le palais des rois, elle avait, mère alarmée, à disputer ailleurs contre la mort la vie de l'un de ses enfants. Aussi, lorsque caressant la seule des deux chères petites personnes sorties de ses flancs qu'elle m'eût amenée pour la faire assister, comme le disait de son étendard Jeanne d'Arc, *à la joie puisqu'il avait été à la peine*, je lui demandai des nouvelles de l'autre, un nuage se répandit sur ses traits, et pour mieux garder son secret, elle me quitta : c'était tout à l'heure six heures du soir. Elle devait me revoir le lendemain; mais, le lendemain, j'étais déjà loin d'elle, roulant sur la route de ce Mont-Saint-Michel qui devait être, lui aussi, plus tard le théâtre de son incessant dévouement.

Un moment après cette entrevue, je bénéficiai encore d'un grand plaisir. En descendant une dernière fois de ma chambre pour aller prendre l'air dans la cour, je rencontrai sur le premier palier de l'escalier Martin Bernard qui remontait. Nos gardiens respectifs nous avaient ménagé, je crois, cette rencontre. Nous nous jetâmes dans les bras l'un de l'autre... nous n'avions pas le temps de parler; un mot seulement qui s'était présenté en même temps à nos deux cœurs sortit à la fois de nos deux bouches : « Le brave Quignot! il ne nous manque que lui ici pour être délivrés de toute crainte! »

Mais ce fut là ma dernière sensation heureuse. Bientôt j'eus seulement devant les yeux la perspective de quelque atroce avenir. Sentir ma main liée à la chaîne de quelque scélérat dépravé des bagnes, sentir son haleine, traîner partout avec moi les miasmes de sa corruption! oh! le supplice inventé par ce tyran célèbre qui se contentait d'attacher ses victimes vivantes à la putréfaction des cadavres me semblait, en comparaison, un bien! Je passai la soirée dans une invincible tristesse. Mes gardiens s'aperçurent de mon état. « Vou étiez bien moins chagrin tous ces jours-ci, me disaient-ils. C'est cette idée de galères qui vous tourmente. » Et ils cherchaient à me distraire de mes craintes en m'assurant, dans leur naïf langage, qu'un pareil endroit ne pouvait sembler à personne fait pour moi. Mais eux-mêmes ne savaient comment s'expliquer qu'on ne vînt pas me signifier officiellement l'annonce de ma commutation. Depuis la nouvelle donnée par Arago, ils avaient régularisé leur tenue dans l'attente de quelque personnage; mais voyant qu'ils en étaient pour leurs frais de toilette, ils se trouvaient, à mesure que nous avancions vers la nuit, de plus en plus dépourvus d'arguments contre mon assertion : que personne ne paraîtrait, parce qu'on n'osait pas me dire en face qu'on avait fait de moi un forçat. J'allai me coucher pour la première fois depuis deux mois sans me considérer comme une proie prochaine pour le bourreau, mais plus affligé d'esprit que je ne l'avais été jamais. Des hauteurs du ciel glorieux décrit par la plume de Jean Reynaud, je tombais dans le plus immonde des réceptacles de toutes les plus viles souillures de cette terre, et je quittais la société de nos plus vertueux héros de la Montagne pour trouver au bout de ma chaîne Contrafatto peut-être! Ainsi finit la journée du 14 juillet.

Vers une heure à peu près du matin, le directeur vint me réveiller; deux voitures cellulaires attendaient dans la cour tous les condamnés. Je fis mes adieux à mes gardiens. « Au moins, disaient-ils, c'est une consolation pour nous de savoir que vous ne serez pas tué : vous êtes jeune, bien portant, vigoureux. Vous reviendrez encore de là, et nous vous reverrons peut-être. » Mais mes pressentiments me portaient plutôt à croire que la *mort sèche*, celle-là qui a l'avantage de ne laisser des taches de sang sur la main de personne, ferait certainement le travail dont on avait fait grâce au bourreau, et que j'étais ce qu'on nomme vulgairement un *individu fini*. C'est ce que je leur répondis, tout en disant aussi quelques mots de l'éphémère durée des trônes; et après avoir obtenu du directeur la permission de leur faire accepter une petite étrenne pour fêter leur première journée de liberté, car eux aussi ils avaient été captifs et n'avaient pas quitté la prison depuis qu'ils me gardaient au Luxembourg, je m'acheminai vers la voiture.

C'était bientôt le commencement du jour. Les dernières étoiles, avant d'éteindre leurs feux, brillaient étincelantes sur Paris. Un silence plein de mystères sortait des rues de la capitale de la démocratie endormie. Je songeai à ces destinées que nous avions tâché naguère de lui reconquérir, et ne voyant autour de moi que des files d'hommes armés, malheureux enfants du peuple condamnés à prêter main-forte contre tout ce qu'on tente pour le peuple, une larme me vint aux yeux, et je m'écriai dans un gémissement de tristesse : « Adieu, cher Paris, adieu, de longtemps je ne te reverrai. » — Cependant, avant de quitter son sol sacré, j'avais encore un dernier affront de vaincu à endurer. Un agent supérieur de la haute police du royaume assistait au départ des voitures et faisait fouiller les prisonniers. Il fallut me résigner à cette nouvelle perquisition. Naturellement je n'avais rien sur moi. Je portais seulement à la main le livre de *la dame pieuse*, unique richesse littéraire qui m'appartînt en propre au Luxembourg, et que j'emportais avec moi, comme après un combat le soldat emporte quelquefois avec lui l'arme dont on le voulut percer. « Qu'est-ce? me demanda l'employé du ministère, en examinant le volume. — Un livre dont on a cru à tort que je pouvais avoir besoin, » répondis-je. Et ce furent là les dernières paroles que je prononçai avant d'être enfermé dans la voiture qui allait, sans que j'en susse rien encore, m'amener au Mont-Saint-Michel.

Depuis, huit ans se sont écoulés, et le robuste jeune homme que j'étais... Ne craignez point d'injustes reproches, mon Dieu. Je crois plus que jamais à toutes les splendeurs de votre loi. Mais si l'épreuve imposée à notre France était, un de ces jours, près de finir, s'il vous plaisait d'ordonner à cette noble patrie du dévouement et de l'égalité de reprendre enfin sa mission, Seigneur, je vous prierais de jeter les yeux aussi sur moi. Mes bras sont décharnés, ma voix sans force, et ma pensée est comme une lampe qui tremble et s'éteint dans mon cerveau; mais mon cœur et mon âme, vous le savez, sont toujours l'âme et le cœur d'un homme de bonne volonté, et, avant de quitter cette vie pour aller prendre une nouvelle forme et d'autres devoirs à remplir là haut, je voudrais que vous me conduisissiez dans cette dernière grande bataille du mal et du bien sur la terre, et pouvoir frapper, au moins, un coup en votre saint nom, au nom de l'Égalité et de la France!

A LA MÉMOIRE DE GODEFROY CAVAIGNAC

Je t'avais promis ce récit. Acceptes-en l'hommage là où tu es.

Tu fus mon maître en démocratie, et des régions meilleures que tu habites ton âme descend souvent me visiter. J'ai travaillé sous ton œil. Les sentiments que j'ai exprimés sont les tiens. Comme moi, tu ne séparais pas du culte de l'égalité Dieu, la patrie, la famille. Seulement, ayant à parler de ces grandes choses, tu l'aurais fait d'un autre style; mais l'indulgence était aussi une de tes vertus. Héros par l'intelligence comme par le cœur, tu n'en laissais pas moins venir à toi les petits. C'est par ce penchant que tu accueillis jadis ce que nous nommions en ces temps ma jeunesse, et que tu accueilleras sans dédain aujourd'hui, cher ami, l'œuvre informe que te dédie ton vieux frère d'armes.

Armand BARBÈS.

Prison centrale de Nîmes, le 20 mars 1847.

QUELQUES MOTS

A CEUX QUI POSSÈDENT

EN FAVEUR

DES PROLÉTAIRES SANS TRAVAIL

Sur un vaisseau en péril, la solidarité du danger fait concourir à la manœuvre, et change quelquefois en pilote le passager dont les fonctions sont nulles lorsque les flots et les vents sont propices.

A plus forte raison, dans les détresses sociales, est-il du devoir de tout citoyen de payer à la patrie le tribut de sa pensée, de ses conseils et même de ses prières.

C'est ce devoir que nous venons accomplir aujourd'hui. Sans fonctions dans les temps ordinaires, passagers obscurs et peut-être dédaignés, nous venons vous dire : Le vaisseau sombre, voici une voie d'eau ; à l'aide ! à l'aide ! portons-y le chanvre et le goudron.

La portion la plus intéressante et la meilleure du peuple, cette portion qui, par l'injuste constitution de la société, est condamnée à toujours produire sans jamais recueillir, se trouve maintenant privée de son unique ressource, le travail.

Vous savez la misère extrême qui durant cet hiver a torturé cette classe infortunée. L'été, disait-on, en rouvrant les travaux de la campagne, apportera du soulagement à ses maux. L'été est arrivé, donnant la nourriture aux bêtes des champs, fournissant la pâture aux petits des animaux ; mais pour l'homme malheureux, à qui la loi, qu'il n'a point faite, crie sans cesse : « Ce champ n'est pas à toi, éloigne-t'en ; ces moissons sont à un autre, garde-toi d'y toucher ; » l'été n'est plus fécond, et la terre marâtre, alors qu'elle se couvre de richesses et de fruits, semble lui porter le désir tentateur que subissait Tantale par l'ordre des infernales puissances.

Le premier de tous les droits est le droit de vivre, que l'homme apporte en naissant. Devant lui disparaissent toutes les conventions sociales que la nature n'a point ratifiées. Le pauvre se soumet à leurs injonctions, quoiqu'il en soit la victime ; mais si nous étions insensibles à ses douleurs, ne mériterions-nous point qu'il foulât aux pieds l'injuste loi humaine qui lui ordonnerait de mourir.

Aussi, ce n'est pas ce qu'on appelle vulgairement la charité que nous venons vous demander au nom de nos frères infortunés ; non, la cause que nous plaidons est trop sainte pour que nous ne vous fassions pas entendre un mâle et sévère langage. C'est l'accomplissement d'un devoir que nous vous demandons ; car le droit du pauvre à l'existence n'est point périmé, et c'est ce droit auquel le fils de Marie donnait la sanction de sa puissante parole, lorsqu'il s'écriait : « Les riches ne sont que les économes du bien des pauvres. »

Depuis longtemps, il est vrai, les enseignements de l'illustre prolétaire sont tombés en désuétude. Le Christ, en nous ordonnant la charité, qui n'est pas autre chose que l'amour du prochain, n'entendait pas seulement que les riches donnent une misérable aumône comme l'on jette à un chien quelques bribes d'un festin.

Non, encore une fois, ce n'est pas cette charité ainsi amoindrie que nous vous demandons. Réveillez dans vos cœurs la vraie charité, celle que le Christ et la nature vous commandent. Pensez à vos frères infortunés, à leurs souffrances, à leurs droits, à leurs mérites.

Pourrions-nous oublier que, dans ce monde, comme sur le vaisseau en péril, il y a solidarité pour tous, et qu'il est insensé autant qu'absurde de contempler la tempête les bras croisés, en murmurant tout bas le cruel axiome : Chacun pour soi, Dieu pour tous !

Et vous, frères malheureux et délaissés, qui, en voyant le méchant se retrancher derrière cette maxime, avez été portés peut-être à mettre en doute l'existence de l'auteur de la nature, ne blasphémez pas son saint nom : ce n'est point lui, source éternelle de toute justice et de toute bonté, qui peut commander à l'homme d'être égoïste et sans pitié ; les méchants lui ont prêté leur langage, ils l'ont peint à leur image ; malheur à eux ; car Dieu n'est pas le complice des méchants et des tyrans, il sera leur juge sévère et inflexible.

Ne nous accusez pas non plus d'avoir gâté votre cause par l'âpreté de nos paroles : nous sommes francs et véridiques avant tout, et même, dans cette occasion où nous désirons si ardemment voir la classe qui possède consacrer une partie de son superflu à secourir votre misère, nous ne pouvons dissimuler que nos sympathies sont tout entières de votre côté.

Nous eussions craint de vous humilier en nous servant pour vous d'un langage bas et flagorneur, car, comme le disait un vertueux jeune homme qui expia sur l'échafaud de thermidor le crime d'avoir trop aimé le peuple : « Les malheureux sont les puissances de la terre ; ils ont le droit de parler en maîtres aux gouvernements qui les négligent. »

LETTRE

DE

LOUIS BLANC A BARBÈS

Mon cher Barbès, ô le plus généreux des amis et le meilleur des hommes ! te voilà donc replongé dans les cachots, au nom de cette même République que servirent toujours si vaillamment ton âme altérée de justice et ton indomptable esprit ! Hélas : en songeant à ce que tu vas souffrir encore après avoir déjà tant souffert, quel républicain, digne de ce nom, ne se sentirait le cœur plein de sanglots ?

Je ne veux point parler ici de la cour de Bourges : elle t'a condamné pour la journée de mai ; aux yeux de tous les royalistes, ton crime c'est ta vie entière.

Parce que tu as marché d'un air méprisant devant leurs idoles de boue et leurs oracles menteurs ; parce que, dans ton spiritualisme généreux, tu n'as point pensé, à l'exemple d'un sombre philosophe, que ces millions d'êtres humains dussent être sacrifiés à la prospérité de quelques-uns, comme des millions de glands le sont à la beauté des grands chênes ; parce que, avec Pascal, disant : « L'humanité est un homme qui vit toujours et qui apprend sans cesse, » tu as admis le dogme de la solidarité des existences et des races ; parce que, attribuant à la vérité seulement et à la justice le don d'immortalité, tu as cru, d'une foi fervente et sublime, à l'instabilité des choses injustes et à la possibilité de bannir l'ignorance, de détrôner le mensonge, de détruire la misère, de vaincre le mal :

parce qu'au Peuple, que tu aimes et pour qui tu demandes une place au bonheur ainsi qu'au soleil, tu as offert en holocauste, tout : ta jeunesse, ta fortune, ta liberté, ta vie, et que, chrétien au milieu d'une société restée païenne, tu t'es montré le plus pieux disciple de Jésus notre maître... ils t'ont maudit, ils t'ont frappé.

Mais, grâce au ciel, les hommes prédestinés apportent en naissant ce qui est nécessaire à l'accomplissement de leur mission. Dieu, qui t'a assigné le rôle sacré du dévouement, t'a donné la force, la sérénité et la constance. Il a mis en toi le principe d'un enthousiasme dont il n'appartenait pas à nos ennemis de glacer les joies suprêmes. T'émouvoir en te calomniant, t'humilier en t'infligeant la peine des voleurs et des assassins, t'irriter ou même t'attrister en mettant contre toi de leur parti le garde-chiourme et le bourreau, voilà ce qui est au-dessus de leur pouvoir. Sous leur domination, combien n'es-tu pas plus puissant qu'eux, toi qu'ils pourraient tuer, mais non troubler !

Lorsqu'au mois de juin 1839 l'on te traîna devant la cour des pairs, ton attitude était bien celle que tu viens de garder devant la haute cour ! A l'homme qui t'interrogeait tu répondis : « Quand l'Indien est vaincu, quand le sort de la guerre l'a fait tomber au pouvoir de son ennemi, il ne songe point à se défendre, il n'a pas recours à des paroles vaines : il se résigne, il donne sa tête à scalper. » Et, le lendemain, M. Pasquier n'ayant pas rougi de dire que tu avais eu raison de te comparer à un sauvage, tu repris : « Le sauvage impitoyable n'est pas celui qui donne sa tête à scalper, mais celui qui scalpe. »

Le 13 juillet, vers le milieu du jour, on vit arriver sur la place Vendôme, se dirigeant vers la Chancellerie, près de trois mille étudiants. Ils s'avançaient d'un pas grave, en silence, la tête nue, dans l'ordre lugubre et avec le recueillement qui préside à la solennité des funérailles. C'était pour toi qu'ils venaient, mon cher Barbès, car on t'avait condamné à mort. Non, non, jamais consternation ne fut semblable à celle dont Paris, ce jour-là, fournit le spectacle. Les ateliers furent abandonnés, les barrières devinrent désertes, les places publiques et les rues se remplirent de silence : le Peuple était tombé dans une amère tristesse !

Toi, cependant, à la veille de monter sur l'échafaud, tu étais tout entier, par la pensée, à tes amis, à ton parti, à la France, et tu écrivais à Godefroy Cavaignac cette lettre que j'ai retrouvée entre les mains d'un des nôtres et qu'il m'est impossible de ne pas transcrire :

« Mon cher Godefroy,

« Je ne veux point laisser passer ces moments suprêmes sans « m'acquitter d'un devoir envers vous ; car, grâce au système de di- « vision adopté par nos ennemis, peut-être ne savez-vous pas com- « bien j'honore votre dévouement. Vous pouvez en croire la parole « d'un homme qui va mourir pour la cause dont vous êtes comme « lui le soldat. J'ai toujours professé pour vous le plus grand respect « et la plus vive amitié ; je puis même dire que j'ai ressenti pour « votre caractère une de ces sympathies spontanées qui font aimer « sans connaître. Conservez donc, je vous en prie, quelque attache- « ment pour ma mémoire ! Bientôt, sans doute, les obstacles qui « s'opposent à la marche de notre chère France vers le but souverain « assigné à sa nationalité disparaîtront, et le jour de la régénération « luira pour elle. Puissiez-vous être un de ceux qui dirigeront ses « destinées futures ! »

Ainsi tandis qu'à cent pas de la prison, des mains sanglantes clouaient l'échafaud où tu étais attendu, c'était vers la France libre, régénérée et glorieuse, que montait ton âme immortelle ! Mais, comme il te restait encore de nobles exemples à donner sur la terre, et que le Peuple n'avait pas encore suffisamment sans doute bénéficié de tes douleurs, la mort ne voulut pas de toi ; une commutation de peine fut accordée à Paris en deuil : les cachots de la monarchie te gardèrent, et, depuis, dans ce même palais du Luxembourg où l'on t'avait jugé et d'où la Providence vengeresse venait de chasser tes juges, il nous fut donné, à Albert et à moi, de te voir revenir, la figure altérée par dix années de souffrance, mais le front rayonnant, l'œil plein de flamme, aux acclamations du Peuple vainqueur.

Il luira de nouveau, le soleil de ces grandes journées !

Va, laisse nos ennemis traiter de démence ta magnanime sagesse. L'injustice, l'oppression, le mensonge, le mal, voilà la folie ! Et ils l'auraient compris déjà si le propre de la folie n'était pas de s'ignorer. Car enfin, quelle misère est comparable à la vôtre, malheureux qui avez pour vous une armée et contre vous votre conscience ? Est-ce qu'en effet les soulèvements possibles de la misère ne les tiennent pas dans une perpétuelle anxiété ? Est-ce que, parmi les fantômes évoqués par leur épouvante, il n'y en a pas un qu'ils entrevoient toujours, toujours, toujours, cherchant du pain et ne trouvant qu'un fusil ? Est-ce que — DEMAIN, — ce mot de nos espérances, n'est pas le mot de leurs terreurs? C'est bien en vain qu'ils essayeraient de s'étourdir au bruit de leurs fanfares ; il faut qu'ils écoutent avec angoisse le silence des complots ! C'est bien en vain qu'ils s'étudieraient à se faire un rempart de leur propre agitation, semblables à ces animaux qui, menacés, font autour d'eux de la poussière et s'y cachent : l'inapaisable sentiment du péril est un supplice qui ne se supporte pas.

A l'exaltation de leurs colères je mesure leur détresse, et par le nombre des baïonnettes dont ils s'entourent je compte leurs tourments! Oh ! oui, insensés mille fois, ces hommes qui ne peuvent même pas, comme les convives de la citadelle de Thèbes, se couronner de fleurs, parce qu'il n'y a plus à leur portée que des couronnes ramassées dans la guerre civile, et que, s'ils venaient à se les poser sur la tête, le sang leur coulerait sur le visage ! Insensés mille fois, ces hommes qui, avec un désespoir farouche, combattent le triomphe d'une doctrine qui les condamnerait... à être heureux ! Barbès, Albert, vos persécuteurs sont vos vengeurs !

Quant aux idées qu'on frappe en vous, l'heure approche qui leur doit livrer l'empire du monde. Elles n'ont point commencé avec notre siècle, ces idées puissantes. Fondées sur la notion de la justice, qui, par essence, est immuable, elles sont contemporaines de l'esprit humain. C'est pourquoi elles ont eu, à toutes les époques de l'histoire, des apôtres, des soldats ou des prophètes. Platon, saint Paul, saint Chrysostome, saint Bazile, Munzer, Campanella, Thomas Morus, Morelly, Jean-Jacques Rousseau, les vaincus de thermidor, et, au-dessus d'eux tous, le Crucifié, ont marqué leur passage à travers les sociétés humaines par une trace ardente, lumineuse, que rien n'a pu faire disparaître, et qui toujours s'est retrouvée sous les cadavres des victimes dont on a jonché les routes de l'humanité en marche.

Mais ce qui distingue de ceux qui l'ont précédé le siècle où nous sommes, ce qui constitue son originalité historique, c'est le caractère de force et de généralité qu'ont revêtu des doctrines qui, jusqu'ici, n'avaient été soutenues que par des penseurs solitaires, de mélancoliques philosophes, des tribuns méconnus, ou des sectes rapidement étouffées, comme le fut celle des premiers chrétiens, c'est-à-dire des seuls vrais chrétiens. Le penseur, le philosophe, le tribun par qui a été reprise l'impérissable tradition de l'égalité fraternelle, s'appelle aujourd'hui en France le Peuple. Or, pour le contenir, leurs cachots sont trop petits. Nous vaincrons.

O mon cher Barbès, si tu savais combien l'affection que je t'ai vouée me rend cette certitude plus précieuse encore et plus douce! Je n'ignore pas que la foi professée dans ton sublime discours devant le tribunal de Bourges est pour toi la source d'ineffables consolations ; que c'est là ce qui t'élève si fort au-dessus de la plupart des hommes ; que c'est là ce qui te rend invincible à la souffrance. Car Dieu te fit de la nature des héros, de la nature des martyrs, et je connais ton cœur.

Louis BLANC.

Londres, 7 avril 1849.

DISCOURS

DE LOUIS BLANC

SUR LA

TOMBE DE BARBÈS

Louis Blanc, accouru de Londres une seconde fois pour assister aux funérailles de Barbès, et louer son ami mort, après l'avoir consolé mourant, a prononcé sur la tombe du cimetière d'Eikenduinen le beau et touchant discours que voici :

« Ils n'échouent point, ceux qui tombent pour une cause juste ; car « ils ajoutent à la masse des pensées profondes qui conduisent le « monde à la liberté. »

Ces belles paroles de lord Byron, Barbès les avait en mémoire, la veille du jour où il était attendu sur l'échafaud.

C'est qu'en effet, pour les amis de la justice, le succès se compose de défaites, dont chacune prépare la victoire définitive de la vérité sur l'erreur, du bien sur le mal.

Des amis de la justice on peut dire, par une application détournée d'un mot fameux de Pascal : « Ils sont plus forts que ceux qui les tuent parce qu'ils savent pourquoi ils meurent, et que ceux qui les tuent ne le savent pas. »

Les rois, lorsqu'ils ont mis leur couronne sur leur tête ; les ministres, lorsqu'ils ont placé leur signature au bas d'un décret ; les diplomates, lorsqu'ils ont bien intrigué autour d'un tapis vert ; les traîneurs de sabres lorsqu'ils ont bien traîné ces sabres dans le sang, se croient des puissances. Risible orgueil ! Ils ignorent que c'est la pensée, et elle seule, qui mène le monde ; ils ignorent que, bien souvent, les vivants, lorsqu'ils s'imaginent commander, ne font qu'exécuter sans les comprendre les ordres silencieux de certains grands morts. Les vrais puissants de la terre, ce sont ceux dont les idées créent les choses de l'avenir ; ceux dont l'esprit façonne, longtemps à l'avance, la vie des générations futures ; ceux qui par la parole ou l'exemple élèvent le niveau de l'âme humaine. Oui, ceux-là sont les vrais puissants de la terre. Je sais tel apôtre du droit, tel martyr du droit, qui gouverne plus réellement les hommes du fond de son tombeau, que le premier des potentats ne saurait le faire du haut de son trône.

Eh bien, Barbès fut un de ces apôtres, un de ces martyrs.

A l'âge où la plupart des hommes ne s'occupent que de leurs plaisirs, d'une fortune à acquérir ou à augmenter, de leur carrière, comme on dit, — ce qui l'absorba tout entier, lui, ce fut le spectacle des douleurs du pauvre, qui devinrent aussitôt ses propres douleurs. Il vit au-dessous de l'oisivité repue le travail affamé; aux uns, tout ; — aux autres, rien. Il vit la société divisée, selon l'expression si amèrement spirituelle et si sérieusement légère de Chamfort, en gens qui ont plus de dîners que d'appétit et en gens qui ont plus d'appétit que de dîners. Et ce tableau révolta son âme altérée de justice. Il se demanda si un ordre social qui consacrait un pareil partage était bien le dernier mot de la philosophie, le dernier mot de la morale, le dernier mot de la science.

On lui parlait de liberté; mais il ne vous comprit pas, ce grand cœur intelligent, ô liberté des meurt-de-faim, liberté des va-nu-pieds, liberté des paralytiques à qui l'on accorde le droit d'être ingambes, liberté de ceux qui plient, dès leur naissance, sous la misère, lourd fardeau, et auxquels on crie : Courez ! le prix de la course est aux agiles ! Ce qu'il comprit, c'est que la liberté sans l'égalité est un leurre, et la liberté sans la fraternité un leurre cruel. Il consulta l'histoire ; et la disparition du salariat lui apparut comme le développement, plus ou moins prochain, mais inévitable, du progrès qui avait mis fin à l'esclavage et au servage.

Bannir l'ignorance, détrôner le mensonge, détruire la misère, était-ce possible ? Barbès se persuada que c'était possible, puisque c'était juste; et il voulut pour tous l'égal développement de leurs facultés inégales, il voulut pour tous l'égale satisfaction de leurs besoins inégaux. Mais comme il ne se dissimulait pas combien la réalisation d'un semblable idéal était difficile, ce qu'elle exigeait d'efforts, et ce qu'elle commandait de sacrifices, il éleva son dévouement à la hauteur de cette généreuse conception, et il offrit en holocauste au peuple qu'il brûlait d'affranchir sa jeunesse, sa fortune, sa liberté, sa vie.

C'est ainsi qu'en lui le penseur engendra le soldat.

Une rénovation sociale fondée, non sur l'immolation du droit individuel au droit social, mais, au contraire, sur le développement du droit individuel par le droit social, c'est-à-dire sur la force de tous, employée à rendre effective et réelle la liberté de chacun, voilà ce qu'il avait en vue, voilà ce qu'il nomma « la souveraineté du but; » et le seul moyen de l'atteindre lui paraissant être la République, il fut républicain.

Croire que, dans son ardente guerre au gouvernement de Louis-Philippe, il ne songeait qu'à renverser les quatre planches recouvertes d'un morceau de velours qu'on appelle trône, ce serait prendre bien mal la mesure de son intelligence et méconnaître singulièrement la portée de ses aspirations! Elles montaient bien plus haut.

Mais il mit au service de sa pensée un si éclatant courage; il y avait dans les allures de son dévouement et dans le seul aspect de sa personne quelque chose qui rappelait d'une manière si frappante les anciens preux, qu'aux yeux des observateurs superficiels, le philosophe disparut en lui derrière le chevalier. Ils crurent avoir tout dit en l'appelant « le Bayard de la démocratie. » Il en fut le Bayard, sans doute; mais, si je puis m'exprimer ainsi, « le Bayard méditatif. »

Autre trait caractéristique de cette noble nature. Si jamais homme eut à un haut degré le sentiment du cosmopolitisme et de la solidarité humaine, ce fut Barbès. A quel peuple opprimé n'aurait-il pas offert avec joie tout ce qu'il avait de sang dans les veines? Le 23 mars 1863, en proie déjà à cette terrible maladie de cœur qui vient de nous l'enlever, il m'écrivait, d'une plume désespérée : « Moins malade, je se-« rais allé me faire tuer en Pologne. Mais le moyen d'aller recevoir « un coup de fusil à quatre cents lieues d'ici, lorsque je puis à peine « faire quelques pas sans recourir à mon flacon d'éther? » Seulement, chez Barbès, le cosmopolitisme, loin d'avoir une existence distincte, se confondait avec un violent amour de la patrie et en faisait en quelque sorte partie intégrante. Son cosmopolitisme consistait à vouloir que toutes les nations, devenues sœurs, marchassent à la conquête du bonheur commun sous la direction civilisatrice de la France, à laquelle Barbès attribuait une sorte de mission divine, lui réservant le droit des grandes initiatives et la gloire des grands dévouements. La lettre citée plus haut disait:

« Hélas ! l'insurrection de ces pauvres Polonais est venue trop tôt « ou trop tard pour moi, et trop tôt aussi pour l'héroïque nation « qui va de nouveau être accablée, parce que la République française « n'est pas là pour prêter force au droit. »

Et encore : « Je ne vis plus qu'à condition de ne faire aucun acte « de vie humaine, et il est triste de prolonger ainsi son existence, « lorsque notre chère et pauvre patrie semble n'exister qu'à condition « de ne faire aucun acte de France. »

Aucun acte de France ! Le mot est aussi étrange qu'admirable, mais combien cette étrangeté même accuse avec énergie le genre de sentiment qui l'a dicté !

Le fait est que Barbès aimait la France avec une passion dont on peut dire qu'elle fut, avec l'amour du peuple, la passion dominante de sa vie. De là son inaptitude à oublier le mal que nous avait fait la longue rivalité de l'Angleterre. De là l'accablement où le jetèrent, après Sadowa, les agrandissements de la Prusse sous les auspices d'un roi despote. De là aussi les inquiétudes exprimées dans ce passage d'une de ses lettres : « Qui sait, si, dans vingt-cinq ans, les Anglo-« Saxons d'Amérique ne seront pas cent millions d'hommes ? Que de-« viendra, en face de cette agglomération, notre pauvre petite France « que l'on ne peut pas même étendre jusqu'au Rhin ? Le monde se-« rait-il donc aux Anglais ? Et l'avenir n'aura-t-il qu'un tombeau pour « la nation qui fit la Révolution, pour la patrie du dévouement et de « l'égalité, de Jeanne d'Arc et du socialisme ? »

J'ai prononcé le nom de Jeanne d'Arc : pas de nom qui revînt plus souvent sur les lèvres de Barbès ; pas de nom qui se retrouvât plus naturellement sous sa plume. Il ne parlait d'elle qu'avec attendrissement. Il associait le souvenir de cette sublime fille du peuple à tous ses élans d'enthousiasme. C'était comme sa vierge Marie à lui, et l'on eût dit qu'il lui avait construit une chapelle au fond de son cœur. Avec quel orgueil il s'écriait un jour : « Il est possible que d'autres « nations aient produit d'aussi grands hommes que la nôtre. Mais « quelle autre nation jusqu'à présent s'est montrée capable de pro-« duire une femme de génie comme George Sand et une sainte comme « Jeanne d'Arc ! »

Ai-je besoin d'expliquer ce culte de Barbès pour Jeanne d'Arc ? Elle avait sauvé la patrie !

Et quand on songe que l'homme qui aimait la France au point de faire tenir dans cet amour celui, bien vaste pourtant et bien profond, qu'il éprouvait pour l'humanité, s'est condamné à vivre loin d'elle, et que c'est là, là, dans une fosse creusée sur une terre étrangère, qu'il a voulu dormir le sommeil dont on ne se réveille plus!

Car c'était aussi un exilé volontaire que Barbès. Que dis-je, volontaire? Est-il donc un exil plus forcé que celui qui est décrété par la conscience? Ah! vous ne soupçonnez pas, vous ne savez pas ce que contient d'angoisses le regret de la patrie absente, vous qui croyez qu'il y a des exilés volontaires! Les républicains, qu'on nomme tels, obéissent, il faut qu'on le sache, à un souverain dont le trône est au fond d'eux-mêmes, et dont les ordres sont d'autant plus difficiles à éluder, qu'ils s'imposent invinciblement au respect des cœurs qu'ils déchirent!

On n'approfondira jamais ce qu'a été pour Barbès ce long exil, que lui ont rendu si douloureux d'intolérables souffrances physiques, l'idée de la patrie courbée sous un maître, et le froissement d'une âme sur laquelle les affections de famille avaient tant d'empire! Qu'elles sont touchantes et qu'elles le peignent bien, les lignes qui suivent: « Je « veux épargner à ma sœur, à mon frère, la peine de mes der- « niers instants. Je n'ai laissé dans mon logis de là bas que des « souvenirs de force et de jeunesse, qu'ai-je à gagner de les faire dis- « paraître sous ceux de mon épuisement? Après moi, il y aurait tel « fauteuil, telle place à table que les êtres que j'aime ne pourraient « regarder sans se dire: « C'est là qu'il s'asseyait, là qu'il a mangé « pour la dernière fois. » Et leur cœur se briserait à ce souvenir. « Mort au loin, il leur semblera que je suis toujours vivant. »

Qu'on mesure, si l'on peut, la profondeur d'une souffrance qui lui faisait redouter la présence de parents qu'il aimait comme ils étaient dignes d'être aimés, qu'il aimait du fond des entrailles. Mourir au loin, mourir seul! Ah! il pouvait bien par excès d'affection, ne pas franchir la distance qui le séparait de son frère, de sa sœur, de sa nièce, du mari de sa nièce, et de la charmante enfant, leur fille; mais eux, quelle puissance au monde aurait pu les empêcher d'accourir, à la première nouvelle qui alarmerait leur tendresse? Aussi a-t-il quitté la vie entouré de leurs soins et comme enveloppé de leur dévouement.

Mais quelle est donc cette fatalité terrible qui poursuit les dévoués? Louis, le frère de Barbès, ce frère dont le cœur a toujours battu à l'unisson du sien, dont les traits rappellent les siens, dont la voix est presque la sienne, le voilà étendu à son tour sur un lit de douleur, dans la maison mortuaire ; désolé, navré, inconsolable — inconsolable de n'être pas près de ce cher tombeau.

Quant aux amis de Barbès, combien j'en connais qui seraient ici en ce moment funèbre, si pour presser sa main mourante et l'accompagner au champ du repos qui dure, il ne leur avait fallu que s'arracher à leurs affaires, traverser la mer ! Mais, comme l'a écrit l'un d'eux, leur deuil du moins est avec nous.

Barbès a été bien méconnu, bien calomnié, par ceux qui ne le connaissaient pas ; mais, en revanche, il a été aimé de ceux qui l'ont connu, comme personne peut-être ne le fut jamais. Et à cela quoi de suprenant? Il était si indulgent aux autres, cet indomptable esprit ! Elle était si douce, cette âme stoïque ! Le sourire avait quelque chose de si pénétrant sur ces lèvres austères ! O vous tous qui avez approché Armand Barbès, vous savez s'il était possible de le voir sans l'aimer ! C'était, dans toute la force du mot, un charmeur, que cet inflexible représentant de l'inflexibilité républicaine, que ce vaillant homme, que ce modèle des vertus fortes. Jamais nul ne parla mieux aux enfants le langage qui leur convenait. Il y a des lettres de lui à la fille de sa nièce qui sont vraiment adorables. Il avait des délicatesses de femme.

La dernière fois qu'il me fut donné de le voir vivant, ému de l'émotion que j'éprouvais au moment de lui dire adieu, il rassembla toutes ses forces pour sourire, et cria à sa sœur d'une voix étouffée mais qu'il s'efforçait de rendre gaie : « Augusta, des verres, et buvons tous à la République ! » C'est ce que nous fîmes, et ce que lui-même essaya de faire, en se donnant un air joyeux. Hélas ! j'y fus trompé, tant je tenais à me tromper sur son état ! Je crus à un retour possible de la vie. Mais non : c'était un admirable artifice de l'amitié. Il voulait consoler, rassurer ceux qui pleuraient à cause de lui !

Encore un mot ; quelque valeur intrinsèque qu'on attribue aux conceptions métaphysiques, elles ont, en tout cas, cela d'important qu'elles indiquent la pente générale de notre esprit, qu'elles sont comme la contre-épreuve de nos sentiments les plus intimes. Eh bien, dans sa dernière lettre, Barbès m'écrivait : « Tu éprouveras une peine bien vive si je meurs ; car tu auras un ami de moins dans ce monde. Je voudrais que le système de Jean Reynaud fût vrai, pour qu'il nous fût donné de nous revoir ailleurs. » Ces quelques lignes donnent la clef des opinions métaphysiques de Barbès ; elles en montrent la source. C'était ce qu'il y avait en lui d'affectueux et de tendre qui le faisait croire à l'immortalité de l'âme en lui rendant insupportable l'idée des séparations absolues, définitives. Là était le secret de sa foi dans la permanence de l'être, dans la continuité de son développement progressif, dans l'existence, disait Barbès lui-même, d'une échelle sublime de Jacob, appuyée sur la terre et montant, sans finir jamais, de sphère en sphère et d'astre en astre.

Du reste, dans quel moment mieux que dans celui-ci pourrait-on être porté à admettre l'idée de la durée éternelle? Quoi! ce qui fut Armand Barbès il y a quatre jours à peine ne serait plus aujourd'hui qu'un peu de poussière! Pour moi, je ne saurais y souscrire. Barbès, au revoir, au revoir! Pour les hommes d'élite surtout, pour les grands hommes, dont aucun ne fut meilleur que toi, la mort est une porte ouverte sur l'immortalité.

PARIS. — IMP. SIMON RAÇON ET COMP., RUE D'ERFURTH, 1.

www.ingramcontent.com/pod-product-compliance
Ingram Content Group UK Ltd.
Pitfield, Milton Keynes, MK11 3LW, UK
UKHW021128230726
13926UKWH00002B/658

9 782014 061550